AF586903

MÉMOIRE

pour prouver que la Maiſon de LANDSPERG *a droit de continuer à prendre le Titre de* Baron.

SI pour pouvoir ſe dire Baron, il faut être porteur d'un Diplome exprès qui accorde ce titre, les *Landſperg* ſont volontiers l'aveu qu'ils n'ont aucun droit à la qualité de Baron; parce qu'à l'imitation de leurs Ancêtres, ils ſont perſuadés qu'ils auroient dérogé aux droits de leur naiſſance, qui ſurpaſſent tous ceux qu'on acquiert ſoit par grace, ſoit à prix d'argent, s'ils euſſent brigué une qualité

lité qui leur compète avant que le ſiſtême de faire des Barons par Diplomes ou par Lettres-patentes, ait été introduit.

Pour prouver qu'ils n'uſurpent pas le titre de Baron que huit ſiécles de poſſeſſion leur ont aſſuré, ils vont établir des principes préliminaires que le préjugé ne pourra pas ſurmonter : leur application ſera connoître que les *Landſperg* qui n'ont pas dégénéré de leurs Ancêtres, ont droit à l'illuſtration qu'ils ſe ſont acquiſe, & qu'il ſemble qu'on voudroit mettre en controverſe.

Il en eſt des Titres qui accompagnent la Nobleſſe comme de la Nobleſſe même: plus elle eſt ancienne, plus elle eſt excellente; plus elle vieillit, plus elle augmente ſa force & ſa vigueur. Ne doit-on pas porter le même jugement des titres ? Si leur commencement eſt connu, la gloire diminue, parce que leur perfection conſiſte dans l'oubli de l'origine.

C'eſt un point d'hiſtoire atteſté que déja dans le cinquieme & ſixieme ſiécle il y avoit des Barons; mais qui comme les Ducs, les Margraves, les Landgraves & les Comtes, étoient amovibles à volonté; ces titres emportoient avec ſoi des fonctions rélativement au Gouvernement des Provinces ou au Commandement des Armées: ils étoient aſſurés par des Commiſſions qui n'étoient point héréditaires.

Les révolutions arrivées à l'extinction des Carlovingiens rendirent les Ducs, les Margraves, les Comtes &c. maîtres abſolus des pays & diſtricts qu'ils gouvernoient. Les Barons & les Nobles profiterent des mêmes circonſtances pour augmenter leur autorité.

Après les notions que nous donne l'hiſtoire d'Allemagne & de France, il n'eſt plus permis d'ignorer, que les Nobles qui ſe procurerent dans ces tems l'indépendance de leurs perſonnes & de leurs terres, étoient des Dynaſtes & connus ſous cette dénomination: que par la ſuite ils ont été déſignés en France ſous le nom de Barons, & en Empire ſous celui de **Herren**.

Le titre de **Herr** a été ſi précieux qu'il n'a été donné qu'à la plus haute Nobleſſe: que les Princes, les Ducs, les Comtes, même des Rois l'ont ambitionné. Jamais il ſe donnoit aux ſimples Nobles ou Annoblis. L'Empire s'étant du depuis réuni pour former cette République de Souverains, qui reconnoît l'Empereur pour Chef, l'on a diſtingué les différentes claſſes des perſonnes qui, comme États d'Empire, avoient voix aux Diétes. Dans cette claſſe figurent les **Herren**, qui forment ce qu'on appelle le **Herrenſtand**.

Ce fut avec le plus grand ſcrupule que cette claſſe a été formée. L'ancienne Nobleſſe qui a compté dans le nombre de ſes Ancêtres des Chevaliers qui ont aſſiſté aux Tournois; qui par-après ont poſſédé des Villes & des Seigneuries immédiates; qui ont fait la guerre & la paix; qui ont fondé des Chapitres, des Abbayes, des Prieurés; en un mot ce ſont les Dynaſtes, les Seigneurs libres & immédiats; ceux qui ont été qualifiés de **Herren** dans les titres anciens; qui alloient de paire avec les Princes & les Comtes; qui ſignoient avec eux, & qui quelquefois les ſurpaſſoient en pouvoir; ce ſont eux qui formoient le **Herrenſtand**, & voilà les vrais Barons au-deſſus de tous Diplomes. Il n'y a à cet égard qu'une voix parmi les Publiciſtes d'Allemagne.

En France, pour pouvoir prendre le titre de Baron, il faut ſuivant les anciens Auteurs françois, outre l'ancienneté & l'illuſtration d'une Famille noble, poſſéder une Seigneurie premiere après la ſouveraine du Roi, avec toute juſtice & tous droits mouvans de la Couronne immédiatement; être Seigneur-Banneret ayant ſous ſoi des Vaſſaux nobles;

avoir possédé par ses Ancêtres une ville close & avoir fondé une Abbaye ou Prieuré; avoir eu pour Juges compromissaires dans les anciens tems & avant l'introduction des Justices ordinaires, des Seigneurs d'égale qualité & illustration, des Barons. Enfin tous les Publicistes anciens de France assurent qu'autrefois en France un Seigneur, qui étoit plus grand qu'un Seigneur-Châtelain & moins qu'un Comte, & qui avoit été appellé aux Conseils du Souverain pour les affaires de l'État, étoit qualifié de Baron. L'on peut à ce sujet consulter FLEURY dans son *Droit public de France*, *tom.* 2; LA ROCQUE dans son *Traité de la Noblesse*; DU CANGE; le *Glossaire de* RAGUEAU; la *Chronique de Flandre*; M. DAGUESSEAU dans ses *Oeuvres*, *tom.* 6; & VOLTAIRE dans son *Essai sur les mœurs & l'esprit des nations*, *depuis Charlemagne jusqu'à Louis XIII*, *tom.* 2.

Ainsi les *Landsperg* pour se conserver l'avantage qui pendant bien des siécles n'a pas été contesté à leurs Ancêtres, d'être & de se dire Barons, ont à prouver que l'origine de leur Famille est aussi ancienne qu'illustre:

Que dans les tems les plus reculés les *Landsperg* ont été admis aux Tournois, & que les premiers d'entre eux ont été des Chevaliers:

Que parvenus à l'immédiateté tant pour eux que pour les terres & domaines considérables qu'ils possédoient, ils ont été rangés à juste titre dans la classe des Dynastes, **Herren**, Barons:

Qu'ils faisoient la guerre, des traités de paix, des pactes de confédérations:

Qu'ils avoient des Vassaux nobles; qu'ils étoient admis dans les Diétes de l'Empire; qu'ils ont fait des grandes alliances & des fondations considérables.

Pour établir tous ces points, les *Landsperg* n'auront recours qu'à la notorieté atteftée par des Écrivains de poids, tant anciens que modernes, & par partie des documens qui exiftent dans leurs archives.

ORIGINE des LANDSPERG; *ils font admis aux Tournois: leur qualification primordiale de Chevaliers.*

Les noms propres des Familles n'étoient point héréditaires jufqu'au douzieme fiécle. Delà vient la difficulté qu'ont la plupart des Familles nobles de faire remonter leur filiation au-delà de ces tems.

Les *Landsperg* ont plus d'avantage: ils prouvent par les autorités les plus refpectables, que dès le neuvieme fiécle les *Landsperg* étoient nobles. Cette preuve leur eft acquife par les regiftres des Tournois, qui juftifient en quel tems ils y ont été admis.

Cette époque n'eft pas indifférente, parce qu'il eft démontré qu'on ne pouvoit être admis aux Tournois, à moins de faire preuve de quatre quartiers de Nobleffe; enforte que tel qui auroit été admis en 900, defcendoit certainement d'Ayeux qui étoient déja nobles en l'année 800.

Qu'on confulte HERZOG dans fa *Chronique d'Alface*, BUCELINUS dans fes *Annales de l'Empire*, RIXNER & BURGERMEISTER *Traités de l'Ordre équeftral*, l'on fe convaincra qu'en l'année 948 *Cecile de Landsperg* a affifté au troifieme Tournois tenu à Conftance par Hermann Duc de Souabe: elle a été choifie dans le nombre des Dames préfentes pour diftribuer les prix aux Chevaliers.

On puife dans les mêmes fources, qu'*Emerich de Landsperg* Chevalier a affifté au Tournois tenu à Brunfwic en 996;

Henri de Landsperg Chevalier à celui de Nuremberg en 1198; sa femme de la Maison de *Lossenich* fut choisie par la Noblesse du Rhin pour distribuer les prix aux Chevaliers.

Pour éviter un détail trop prolixe, on se contente de renvoyer aux Auteurs cités, qui rappellent que depuis 948 jusqu'en 1487 que le dernier Tournois a été tenu à Worms, les *Landsperg* ont assisté à treize Tournois; d'où il résulte que les Ancêtres de *Cécile de Landsperg* admise au Tournois tenu en 948, étoient déja nobles en 858, en comptant 30 années pour une génération des trois requises pour faire la preuve de quatre quartiers; ce qui donne aux *Landsperg* une Noblesse de neuf siécles.

Aussi Bernard Herzog dans sa *Chronique d'Alsace*, *liv.* 3, *chap.* 9, s'exprime dans les termes suivans au sujet de la Famille de *Landsperg*: **Es sind die Edlen von Landsperg nicht die Geringsten, sondern die Aeltesten neben denen von Rotzenhausen und Andlau, vermög Turnier-Buchs im Elsaß.**

Le même Auteur au *liv.* 6, ajoûte, **daß er die von Landsperg für der ältesten Geschlechte eines im Reich und Elsaß halte.**

Bucelinus dans son *Traité d'Allemagne*, *chronologique*, *généalogique*, *sacré & profane*, sous le nom de *Landsperg*, appelle la Famille des *Landsperg*, *nobilissimam celeberrimamquè vetustissimorum Equitum familiam*, & dit, *quod Equites de* Landsperg *jam ab anno Christi* 948 *fuerint omnibus ludis spectatissimi.*

L'Historiographe d'Alsace Schoepflin dans son *Histoire d'Alsace*, *tom.* 2, donne à la Famille des *Landsperg* le rang dans la Noblesse la plus illustre de la Basse-Alsace: *Inter illustriores Alsatiæ inferioris gentes collocari meretur* Landspergica.

Après des témoignages aussi respectables peut-on douter de l'ancienneté & de l'illustration de la Noblesse des *Landsperg*, qui dans le dixieme siécle avoient le titre de Chevaliers & le droit de se présenter & de se faire admettre aux Tournois?

Une Maison aussi illustre avoit droit de s'élever; aussi est-elle parvenue à l'immédiateté; ce qui la fait placer dans la classe des anciens Dynastes. Les titres les plus authentiques & des Auteurs de poids attestent que les *Landsperg* ont été des Dynastes, des **Herren**; & qu'ainsi leurs Descendans ont tout au moins le droit de prendre le titre de Baron sans diplome. C'est le sujet de la démonstration suivante.

Les LANDSPERG *Dynastes, qualifiés de* **Herren**, *& dans les tems plus modernes de Barons, assistent aux Diétes de l'Empire.*

TOUT concourt à démontrer que les *Landsperg* ont été des Dynastes, & qu'ainsi leurs Descendans n'ont pas démérité le titre de Baron. En ce point les Historiens sont d'accord avec les titres de la Famille de *Landsperg*.

L'Historiographe SCHOEPFLIN déja cité, après avoir annoncé l'illustration des *Landsperg*, ne hésite pas de dire qu'il s'est convaincu par titres, que cette Maison, ainsi que celle d'*Andlau*, étoit comparée aux Dynastes: *Inter illustriores Alsatiæ inferioris gentes collocari meretur* Landspergica, *quamuti* Andlaviensem *Dynastis olim æquiparatam reperio.* SCHOEPFLIN cite les titres sur lesquels il a fondé son opinion.

Avant SCHOEPFLIN d'autres Écrivains avoient pensé de même: BUCELINUS également cité, après avoir fait le détail des Villes & Seigneuries que possédoient les *Landsperg* en Alsace, qualifie au mot *Mutzig* les nobles Chevaliers de

Dans les regiſtres déja cités du Couvent de Truttenhauſen, les *Landſperg* ſont nommés *Domini*, **Herren**, & leurs enfans *Domicelli*, **Junkherren**.

La ville de Strasbourg conſerve dans ſes archives les collections de Luckius, Antiquaire & Généalogiſte de cette ville, & Auteur très accrédité. L'on y lit qu'en l'année 1336 on qualifioit ceux de *Landſperg* de **Herren**, & leurs enfans de **Junkherren**, à l'inſtar des Rappolſtein, Geroldseck, Lichtenberg, Leiningen ou Linange & autres.

Après des démonſtrations auſſi authentiques, ne ſeroit-ce pas combattre contre l'évidence, en conteſtant aux *Landſperg* le titre d'anciens Dynaſtes, de **Herren**, de Barons, inſéparable de l'immédiateté dont leurs Ancêtres ont joui.

Mais pour ne rien laiſſer à deſirer ils prouveront encore plus particulierement que ces qualifications leur ſont acquiſes, en entrant dans le détail des poſſeſſions de cette Famille, des faits de guerre, des pactes de confédération & des traités de paix, qui dépoſent de l'ancienne puiſſance & immédiateté des *Landſperg*.

POSSESSION de ville & châteaux forts, guerres, pactes de confédération & traités de paix propres & perſonnels aux LANDSPERG.

LA Maiſon de *Landſperg* poſſédoit déja en l'année 1200, & poſſéde encore aujourd'hui le château de Landſperg, **die Veſte Landſperg**, avec ſon territoire, dépendances & haute juſtice. Schoepflin en parle dans ſon *Hiſtoire d'Alſace;* elle poſſéde auſſi la ville de *Niderenheim* qui avoit ci-devant deux châteaux forts; l'un a été détruit par les Suédois, l'autre exiſte encore; il eſt habité par les *Landſperg;* ce château a double foſſé, tours & baſtions; la ville a remparts, foſſés, tours & murailles.

En l'année 1344 Henri de *Landſperg* ſurnommé *Hacker*, a acheté avec le conſentement de l'Empereur, de la Famille d'Epfig, la Seigneurie de Lingolsheim avec ſon château; il la reçoit de l'Empereur comme fief de l'Empire avec la ſupériorité territoriale; les *Landſperg* la poſſédent encore à titre de fief rélévant de la Couronne.

Indépendamment de ces Ville, Châteaux & Seigneuries, ils poſſédent auſſi Meiſtratzheim, Zellweiler, avec un ancien Château fortifié, Düttlenheim pour une part & la Seigneurie de Truttenhauſen, avec haute, moyenne & baſſe Juſtice.

La Famille poſſédoit ci-devant la Seigneurie de Heiligenſtein limitrophe du Château & Territoire de *Landſperg*; les Villages de Düpichheim, Kichelsberg en Briſgau; la moitié de la Seigneurie de Landeck; le Château fortifié de Winſtein; Quatzenheim, Feſſenheim, Griesheim, Sundhauſen, Ottratzheim, Holtzheim; partie de Krautergersheim & d'Inlenheim; partie de Biblenheim, Keffenach & Zillingen; un tiers de la Seigneurie de Girbaden; partie de la Seigneurie de Schirmeck; moitié du Village de Ringendorf en Briſgau; partie de Heiligenberg en Souabe; partie de Landersheim & la Ville de Moutzig. Toutes ces poſſeſſions anciennes de la Famille de *Landſperg* ſont prouvées, partie par Titres dépoſés dans ſes Archives, partie par les Hiſtoriens SCHOEPFLIN & BERNARD HERZOG; à quoi il faut ajoûter la Seigneurie de Finſtringen, Häringen, ſituée dans la Lorraine Allemande, & ſa portion de la Seigneurie de Geroldseck, dont il a été fait mention ci-devant.

Des Seigneurs auſſi puiſſans que les *Landſperg*, étoient ſouvent dans le cas d'en impoſer aux Seigneurs leurs voi-

En l'année 1181 Günther de *Landſperg* avec ſa Sœur Heradis Abbeſſe de l'Abbaye noble de Hohenbourg, connue du depuis ſous le nom de Ste. Odille, a fondé le Prieuré de Truttenhauſen: le titre de fondation eſt atteſté par Henri Roi des Romains, par Théodoric Archevêque, Conrad Évêque de Worms, Eberhard Évêque de Mœrſpurg, Berthold Évêque de Conſtance, Henri Évêque de Bâle, Henri Évêque de Strasbourg, par Fréderic Duc de Souabe, Herman Marquis de Verona, Berthold Comte de Neubourg, Egenolphe d'Urſlingen & Rodolphe d'Andlau. En l'année 1185 le Pape Luce III a confirmé par Bulle cette fondation.

Truttenhauſen eſt ſitué au pied des Vauges, près du château de *Landſperg*. Les Chanoines réguliers qui y étoient établis, l'ayant abandonné pendant la guerre de trente ans, les *Landſperg* l'ont retiré à eux, & y ont été maintenus par le Traité de Weſtphalie. Le clocher & les murs de l'Égliſe & du Couvent ſubſiſtent: l'on y entretient une Chapelle, dans laquelle il ſe dit tous les quinze jours une Meſſe.

Mais ce qui confirme de plus en plus l'immédiateté des *Landſperg*, ce ſont les privileges ſucceſſifs qu'ils ont obtenus des Empereurs, qui les ont confirmés dans le droit de ne pouvoir être traduits devant d'autres Juges que devant l'Empereur, & leurs Officiers Vaſſaux & Sujets, que devant les *Landſperg*.

JUS de non evocando; ou exemption de la Juriſdiction des Tribunaux de l'Empire.

LORSQUE les Tribunaux de Juſtice furent établis en Empire pour faire ceſſer les différents & les diſcuſſions entre les États d'Empire & autres Seigneurs, qui ne ſe vuidoient jufqu'au feizieme fiécle que par des arbitres ou par la force, plufieurs Princes, Ducs, Comtes & autres États d'Empire crurent que leur fujetion à ces Tribunaux donnoient atteinte à leur immédiateté; en conféquence ils folliciterent des Empereurs le privilege de *non evocando*, c'eft-à-dire, d'être exemptés eux, leurs Vaffaux & Sujets, d'étre traduits devant la Chambre de Rothweil & autres Tribunaux créés & autorifés en Empire.

Ces privilege & exemption ont été follicités par les plus grands Seigneurs d'Allemagne, & il n'y a qu'à eux qu'ils ont été accordés.

De ce nombre ont été les Électeurs Palatins, les Ducs de Wirtemberg & autres qui font rapportés dans BADER *Repert. Jur. publ.* fous le mot de **Hofgericht zu Rothweil**; dans STRUVE *Synt. Jur. publ.*; dans MOSER, BURGERMEISTER & SCHWEDER.

Les *Landfperg* pour maintenir leur immédiateté & leur fupériorité territoriale, ont follicité des Empereurs de pareils privileges & exemptions: ils les ont auffi obtenus à l'inftar des autres Seigneurs immédiats, qui en ont été favorifés en figne de leur immédiateté.

Le premier Diplome qui leur a été accordé, daté de l'année 1505, & par conféquent vers le tems où les Tribunaux ont été créés en Empire: ce Diplome eft de l'Empereur Maximilien, & porte en faveur des *Landfperg* exemption de la jurifdiction de ces Tribunaux tant pour eux, leurs Officiers, Vaffaux, Sujets, Serfs-hommes & femmes, partout où ils pourroient habiter, avec défenfes aux Électeurs, Ducs, Margraves, Landgraves, Princes-Évêques, Comtes, **Herren**, & à tous autres, fous tel prétexte que ce foit, de traduire les *Landfperg* pour leurs perfonnes ailleurs que devant l'Empereur, & leurs Officiers, Vaffaux, Sujets, &c.

ailleurs qu'immédiatement devant les *Landsperg*, ſous peine de 50 marcs d'or fin à leur profit.

Ce premier Diplome a été confirmé par les Empereurs Succeſſeurs de Maximilien en 1521, 1540, 1549, 1559, 1577 & 1628; le dernier eſt de l'Empereur Léopold, donné en 1656.

Nouvelle preuve que les *Landsperg* n'ont ceſſé de maintenir leur immédiateté; auſſi n'y ont-ils dérogé en aucun tems. Loin de-là leurs actions, leurs alliances, les dignités dont les uns & les autres ont été revêtus, prouvent qu'ils ont conſtamment ſoutenu l'illuſtration de leur Famille.

FILIATION des LANDSPERG; *leurs Dignités dans différens Ordres, & leurs Alliances.*

CONRAD de *Landsperg*, Pere de Günther du même nom, qui avec ſa Sœur Heradis Abbeſſe de Hohenbourg, a fondé en 1181 Truttenhauſen, eſt la ſouche des *Landsperg* juſqu'à Eberhard co-inveſti en 1284 de la ville de Niderenheim: de celui-ci la filiation continue juſqu'à Henri de *Landsperg*, ſurnommé *Hacker*, qui en 1340 avoit deux fils Nicolas & Ottman. Nicolas qui étoit l'aîné, a continué la ſouche encore exiſtante des *Landsperg*. Ottman le cadet a formé une ſeconde branche qui s'eſt éteinte en l'année 1714 dans la perſonne de George-Louis de *Landsperg*. Cette filiation ſuivie eſt prouvée par des titres authentiques qu'on eſt prêt de rapporter ſi on l'exige.

L'on a déja obſervé qu'en 1181 Heradis de *Landsperg* étoit Abbeſſe de Hohenbourg, Abbaye noble: en 1200 Edelindis de *Landsperg* a ſuccédé à la premiere en qualité d'Abbeſſe de l'Abbaye de Hohenbourg & de Nidermünſter. Les Abbeſſes de cette Abbaye s'intituloient *Abbeſſes par la grace*

de

de Dieu. SCHOEPFLIN, BUCELINUS & BERNARD HERZOG le prouvent.

En l'année 1227 Conrad de *Landſperg*, Chevalier de l'Ordre Teutonique, a été nommé Général, Heerführer, par Herman de Salſa quatrieme Grand-Maître pour faire la guerre aux Pruſſiens pour-lors encore idolâtres: il leur livra bataille & les défit entierement. Après cette victoire il bâtit une ville appellée *Vogelſang*. C'eſt lui qui fit les premieres conquêtes en Pruſſe pour l'Ordre Teutonique. C'eſt ce qui ſe lit dans *l'hiſtoire de l'Ordre* écrite par Jean-Gaſpard Venator, Prêtre dudit Ordre. Les *Landſperg* comptent auſſi 4 Abbeſſes qui l'ont été ſucceſſivement du Chapitre noble de St. Étienne à Strasbourg: ſavoir Marguerite de *Landſperg* en 1334, Brigitte de *Landſperg* en 1399, Marguerite de *Landſperg* en 1545, & Marie de *Landſperg* en 1651. Les regiſtres du Monaſtere en font foi.

Les *Landſperg* depuis ſept à huit ſiécles ſont pris & admis dans les Hauts-Chapitres & nobles Abbayes d'Allemagne, à Mayence, à Treves, Bamberg, Würtzbourg, Worms, Augsbourg, Bâle, Conſtance, Elwangen, Freyſingen, Fuld & Kempten.

Déja en 1229 Conrad de *Landſperg* étoit Chanoine de l'Egliſe Cathédrale de Spire. Le fait eſt prouvé par un titre original conſervé dans les archives de la Maiſon de *Landſperg*.

En 1344 Eberhard de *Landſperg* étoit Chevalier de l'Ordre de St. Jean de Jéruſalem & Commandeur de la Commanderie de Dorlisheim.

Depuis les tems anciens les *Landſperg* ont ſuivi la même vocation dans les Ordres & Chapitres diſtingués de l'Allemagne juſqu'à nos jours. François-Marie de *Landſperg* a été reçu en 1755 dans l'Ordre de Malthe, Prieuré d'Allemagne; ſon Frere

Fréderic-Henri-Charles a été reçu dans l'Ordre Teutonique en l'année 1758.

Quant aux Alliances, Günther de *Landſperg* a été marié en 1240 avec Henriette Comteſſe de Lützelſtein. Walther de *Landſperg* a eu en 1276 pour ſeconde Femme Catherine de la Maiſon des Dynaſtes de Gundelfingen en Souabe. Sa premiere Femme étoit une Rathſamhauſen à la Pierre.

En 1264 Günther de *Landſperg* a eu en premieres nôces pour Femme Anne de Horburg; & en ſecondes Anne de la Maiſon des Dynaſtes de Stauffen.

En 1314 Eberhard a eu pour Femme Gertrude de Fleckenſtein; en 1318 Henri ſurnommé *Hacker*, Anne de la Maiſon des Dynaſtes de Ginſperg; en 1424 George, Catherine de Fleckenſtein.

Jean-Gaſpard d'Ampringen Grand-Maitre de l'Ordre Teutonique en 1664, mort en 1684, a eu pour Mere Suſanne de *Landſperg*.

Enfin pour abréger cet article, l'on ſe contentera d'obſerver que les *Landſperg* ont été alliés ſucceſſivement aux Andlau, Berckheim, Bock, Böckel, Bernhold, Berſtett, Cronberg, Dalberg, Eltz, Glaubitz, Hutten de Holtzenberg, Hohenſtein, Helmſtätt, Hohenbourg, Hunolſtein, Landeck, Lützelbourg, Coſſenich, Müllenheim, Maſſenbach, Münchenſtein, Neuberg, Oſtein, Quadt de Landscron, Roderer de Diersbourg, Roſſenbach, Rebſtock, Rathſamhauſen, Stadion, Schönau, Schwartzenbourg, Sickingen, Wurmſer, Waldner de Fraundſtein, Uttenheim, Warsberg, Weningen, Wetzel de Marſilien, Waslenheim, Wildberg, Zorn, Zugmantel, Zobel de Gibelſtatt, Zant de Merlen, tous d'anciennes Maiſons nobles.

Les *Landsperg* croyent donc avoir rempli le but qu'ils se sont proposé par le présent Mémoire; ils ont démontré que leur Maison est une des plus anciennes & des plus illustres de l'Alsace; que leurs Ancêtres étoient des Dynastes, **Herren**; qu'ils ont eu comme tels séance & voix dans les Diétes; qu'ils ont été taxés dans les charges de l'Empire comme États d'icelui; qu'en un mot les Auteurs les plus accrédités ont pensé unanimement, que les *Landsperg* Dynastes d'origine étoient aujourd'hui des *Barons*, **Freyherren**, qui est le seul titre qui peut équivaloir, quoiqu'imparfaitement, à celui de *Dynaste* & de **Herr**, qu'on donnoit anciennement aux Nobles qui jouïssans de l'immédiateté, alloient de pair en pouvoir avec les Princes, Ducs & Comtes qui recevoient avec plaisir le titre de **Herr**, pour marquer leur puissance & leur indépendance.

La qualité de *Baron* leur a été même annoncée par le Souverain dans les différens Brevets & Commissions que les *Landsperg* ont eu chaque fois qu'ils sont entrés au service du Roi depuis que l'Alsace a passé à la Couronne de France.

Le même titre de *Baron* leur a été donné dans les Lettres-Patentes qu'ils ont obtenues de Sa Majesté pour valider la transaction qu'ils avoient faite avec le Grand-Chapitre de Strasbourg pour raison du territoire de Truttenhausen: les Lettres-Patentes ont été enregistreés au Conseil Souverain d'Alsace le 30 Août 1769 purement & simplement. Dans la Requête qui a été présentée pour parvenir à l'homologation, les *Landsperg* ont pris la qualification de *Barons* sans qu'on ait fait difficulté de la leur passer: l'Arrêt d'homologation ne renfermant ni charge ni réserve, pourquoi la leur refuseroit-on pour l'avenir, tandisque tant de siécles qui l'ont accordée à leurs Ancêtres, n'ont pas trouvé de contradiction?

Le mot de *Baron* ne dérive pas de l'Allemand; il n'en forme pas une expreſſion propre; ſi les Allemands l'ont adopté, c'eſt pour déſigner un Gentilhomme immédiat pour ſa perſonne & ſes biens: les François, comme on l'a démontré, exigent moins pour qualifier un *Baron*.

En Empire on ne connoiſſoit avant le ſeizieme ſiécle de Barons que les Herren, les Freyherren &c. & ceux-ci l'étoient par naiſſance & par tranſmiſſion de leurs Ayeux.

Des ſiſtêmes de Politique & de Finances d'un côté & l'ambition d'un autre, ont fait créer des Barons à prix d'argent dans les perſonnes récemment annoblies, & qui pour la plupart ne tenoient de leurs Ayeux que la roture; ou bien ſi des Nobles d'extraction ont ſollicité un Diplome de Barons, c'étoit pour égaler avec un parchemin les anciens Dynaſtes, les Herren, titres qui ne compétoient pas à leurs Ancêtres; mais il ne doit pas réſulter de là que, parce que les Empereurs ont créé des Barons & que des Gentilshommes ont voulu devenir tels, les Diplomes accordés effaceront l'immédiateté & les prérogatives que les Ancêtres ont tranſmis héréditairement à leurs Petits-Fils.

On ſuppoſe que le ſiſtême de créer des Barons par Diplome n'ait pas été imaginé, les *Landſperg* jouiroient ainſi que tous les Nobles qui ont été dans le Herrenſtand, de la qualité de Baron, de Herr, Freyherr. La création des nouveaux Barons n'a donc pas pû éclipſer l'illuſtration des anciens Dynaſtes, ni leur ôter ce qui leur compete par le droit de leur naiſſance; loin de-là le deſir que certains Nobles ont eu d'égaler les titres des Dynaſtes, des Herren, en les acquerant à prix d'argent, releve la condition de ceux-ci.

Il eſt vrai que les *Landſperg* ſe ſont joints dans le tems à la Nobleſſe immédiate de la Baſſe-Alſace pour former corps avec elle; d'où l'on pourroit conclure qu'ils ont emprunté leur immédiateté des privileges accordés à cette Nobleſſe; ce qu'ils n'auroient pas fait, ſi elle leur eut competé d'ancienneté comme aux Lichtenberg, aux Fleckenſtein & autres.

Il n'eſt pas douteux que les *Landſperg* ſans prendre part à l'aſſociation de la Nobleſſe immédiate de la Baſſe-Alſace, conſervoient l'immédiateté & tous les titres & qualités que l'illuſtration de leurs Ancêtres avoient acquiſe à la Famille; mais ils n'y ont pas dérogé pour être entrés dans la toute premiere matricule de cette Nobleſſe.

Perſonne n'ignore les raiſons & les circonſtances qui ont formé cette aſſociation. Les tems de troubles & de guerres, & l'ambition des plus puiſſans qui cherchoient à envahir les droits & poſſeſſions des plus foibles, ont déterminé la réunion de la Nobleſſe immédiate de la Baſſe-Alſace, afin que réunie elle pût prêter des ſecours efficaces à ceux d'entre eux, qui par eux-mêmes ſeroient trop foibles pour faire face à des forces inégales.

La Maiſon de *Landſperg* poſſédoit originairement pluſieurs Villes & quantité de Seigneuries qui la rendoient puiſſante, & la mettoit en ſituation de faire valoir & de défendre par elle-même ſes droits.

Les révolutions du tems ont formé une diminution conſidérable dans ces poſſeſſions, enſorte que les *Landſperg* ont trouvé trop d'avantages à faire corps avec la Nobleſſe immédiate de la Baſſe-Alſace pour héſiter de s'y faire immatriculer.

Mais bien loin d'avoir perdu par cette matricule les prérogatives & les titres qui leur ont été tranſmis originairement, ils ont au contraire cru y ajoûter un nouveau luſtre.

Qu'on conſulte ce qui ſe paſſe dans les Corps de Nobleſſe en Empire; combien de Familles n'y compte-t-on pas qui ſont dans la claſſe & ſur le banc des Comtes d'Empire, telles que les Maisons des Comtes de la Leyen, des Stadion, des Oftein, les derniers originaires d'Alsace, qui cependant continuent à faire Corps avec la Noblesse de l'Empire, & qui se font même un honneur d'en devenir Directeurs.

Le Diplome de l'Empereur Ferdinand III de l'an 1654, donné en faveur de la Noblesse franche & immédiate des Cercles de Souabe, Franconie, du Rhin & de la Basse-Alsace, fait connoître que sans perdre les prérogatives & les qualités attribuées au Herrenstand, un Dynaste, un Herr, un Baron, peut figurer honorablement dans les Corps de Noblesse.

Ce Diplome qui est rapporté dans le *Recueil des statuts & privileges de la Noblesse franche & immédiate de la Basse-Alsace*, a reglé les titres qui devoient être donnés à chaque Membre de la Noblesse immédiate; en conséquence l'Empereur Ferdinand a ordonné que lesdits Corps de Noblesse, les Directeurs & Conseillers d'iceux auroient le titre d'honneur, d'*illustres & nobles*, **Wohlgebohrn und Edel**; leurs Comembres qui ne sont point Barons (**welche nicht Herrenstands seynd**) le titre de *noble*, **Edel**; & ceux qui sont Barons celui d'*illustres* (**die aber Herrnstands seynd**) **Wohlgebohrn.**

Cette distinction faite par le Diplome de l'Empereur Ferdinand III doit persuader que ceux du Herrenstand n'ont point compromis leur état, leur caractere & leurs titres en s'associant aux Corps des Noblesses immédiates, puisque ces mêmes titres leur sont conservés comme du passé: ils étoient Wohlgebohren, *illustres*, avant leur matricule, ils le sont encore aujourd'hui.

Ce même Diplome fait comprendre qu'il ne devroit y avoir de vrais Barons que ceux qui étoient des Dynastes & comme tels du Herrenstand; on auroit donc tort de refuser à ceux-ci la qualité de Baron pour ne la passer qu'à ceux qui ont financé pour en obtenir le titre.

Les *Landſperg* deſcendent d'une Famille de Dynaſtes, leurs Ancêtres étoient des Herren & du Herrenſtand; c'eſt ce qui a été prouvé juſqu'à l'évidence; il y auroit de l'inconſéquence de leur refuſer dans les Actes publics & judiciaires le titre de *Baron*, de Freyherr, qui eſt le ſeul terme qui puiſſe exprimer de nos jours la qualification d'un Noble immédiat, iſſu d'une Famille de Dynaſtes.

En Allemagne où les Cours ſont très-ſcrupuleuſes ſur l'étiquette des titres & qualités d'un chacun, les *Landſperg* ſont des Barons, des Freyherren; parce qu'on y eſt convaincu que leurs Ancêtres étoient des Seigneurs immédiats, des Dynaſtes & du Herrenſtand.

Par quelle raiſon de diſparité ſeroient-ils traités moins favorablement en France & dans leur patrie?

Lorſque la Baſſe-Alſace a paſſé ſous la domination Françoiſe, la Nobleſſe immédiate de cette partie de la Province a été maintenue dans tous ſes droits, privileges anciens & qui lui ſont venus des Empereurs en tant qu'ils n'ont pas été incompatibles avec les droits de Souveraineté.

Les *Landſperg* avant la réunion de la Province à la Couronne, étoient des *Barons*, parce qu'ils étoient immédiats & du Herrenſtand; cette réunion a fait changer l'Alſace de domination, mais elle n'a point changé les titres & qualités de la Nobleſſe; ainſi les *Landſperg* BARONS pour-lors, le ſont encore aujourd'hui.

Signé SIMON, Procureur de la Famille de *Landſperg*.

LES Avocats au Conseil Souverain d'Alsace soussignés, qui ont vu l'Arrêt rendu le 22 Janvier 1772, par lequel le Conseil a donné acte au Sieur Sigfrid-Jean-Samson Baron de *Landsperg* tant en son nom qu'en celui de ses Co-vassaux de la reprise des fiefs rélevants du Roi, sans approbation de la qualité de Baron, & sauf audit Sieur de *Landsperg* à la justifier: Le Mémoire pour justifier que les *Landsperg* ont droit de prendre la qualité de Baron;

Estiment que les preuves que les Sieurs de *Landsperg* rapportent, & qui sont attestées par les Auteurs & les Ecrivains les plus graves, ne permettent pas de douter du droit qu'ils ont de prendre la qualité de *Baron*.

Le Conseil ayant ordonné que cette qualité ne leur seroit avouée qu'autant qu'ils la justifieroient, ils ne peuvent pas se dispenser de rapporter toutes les preuves qui l'établissent.

Comme elles sont détaillées dans le Mémoire exhibé aux Soussignés, ils le joindront à la Requête qu'ils présenteront au Conseil, & par laquelle ils demanderont acte de ce qu'en exécution dudit Arrêt ils produisent ledit Mémoire avec offres d'en administrer toutes les Piéces justificatives d'icelui; en conséquence qu'il soit dit qu'il leur compète le droit de prendre la qualité de BARON.

Délibéré à Colmar le 1 Mai 1773.

Signés QUEFFEMME, DUPONT & LANG,
avec paraphes.

A COLMAR,
De l'Imprimerie de JEAN-HENRI DECKER, Imprimeur du Roi & de Nosseigneurs du Conseil Souverain d'Alsace, 1773.

www.ingramcontent.com/pod-product-compliance
Lightning Source LLC
LaVergne TN
LVHW052032160826
845678LV00003B/1302
9782329635217